Votre
CHAT

101 TRUCS ET CONSEILS

Votre

CHAT

Andrew Edney, David Taylor

TRÉCARRÉ

CE LIVRE EST UN OUVRAGE DORLING KINDERSLEY

Première édition en Grande-Bretagne en 1995 par
Dorling Kindersley Limited

© Dorling Kindersley Limited, London 1996

© Éditions du Trécarre pour l'édition française 1996

ISBN 2-89249-616-0

Dépôt légal 1996
Bibliothèque nationale du Québec

Imprimé en Italie

TRUCS ET CONSEILS

COMMENT CHOISIR SON CHAT

1 POURQUOI AVOIR UN CHAT ?

Le chat est un animal domestique tout à fait adorable. Distrayant, affectueux, il est aussi très indépendant. Bien sûr, comme tout animal domestique, il a besoin qu'on s'occupe de lui. Pour le citadin, c'est un animal idéal : il peut vivre en intérieur, sans exiger de sortie quotidienne. Le chat est également un camarade de jeu pour les enfants et une agréable compagnie pour les adultes.

UNE DOUCE COMPAGNIE
Une compagnie calme et douce pour les enfants.

MÂLE

FEMELLE

2 QUEL SEXE CHOISIR ?

Avant d'effectuer votre choix, pesez les avantages et les inconvénients de posséder un mâle ou une femelle. La chatte est plus docile, plus enjouée et plus affectueuse que le chat. Le mâle, plus grand et plus autoritaire que les femelles, ira rôder et se battra pour défendre son territoire. Cependant, si le mâle a subi une stérilisation, il sera plus docile et son caractère se rapprochera davantage de celui de la chatte.

MÂLE OU FEMELLE
Une fois stérilisé, les différences de comportement entre les deux sexes sont souvent atténuées.

3 UN CHATON OU UN ADULTE ?

Le chaton, à la différence du chat adulte, exige une attention et des soins importants. Enjoué et curieux, il nécessitera une surveillance particulière. Il faudra également lui apprendre l'usage de la litière et de la chatière.

En revanche, il s'adaptera plus facilement à son environnement, surtout si d'autres animaux vivent déjà au foyer.

De plus, il sera plus agréable de s'occuper d'un chaton dressé dès le plus jeune âge, que d'un chat aux habitudes bien enracinées.

△ UN CAMARADE
Si vous n'êtes pas souvent à la maison au cours de la journée, donnez à votre chaton de nombreux jouets qui l'occuperont, ou, mieux encore, un camarade de jeu.

◁ AMOUR MATERNEL
Si vous décidez d'adopter un chaton, ne le séparez pas de sa mère avant la fin du sevrage, c'est-à-dire vers l'âge de huit semaines.

△ CHAT ADULTE
Si vous ne souhaitez pas élever un chaton, envisagez plutôt l'acquisition d'un chat adulte. Vous pouvez en adopter dans les refuges pour chats.

4 LES CHATS À POIL COURT

Vous gagnerez du temps en faisant l'acquisition d'un chat à poil court. L'entretien de sa fourrure sera rapide, car il peut faire sa toilette lui-même. En outre, certains problèmes liés au poil, souvent présents chez le chat à poil long, ont peu de chances de se manifester. Il est également plus facile de traiter les blessures et de supprimer les parasites.

△ **TOILETTE PERSONNELLE**
Il vous suffira de nettoyer votre chat une fois par semaine : il se débrouille très bien tout seul.

DEMANDE D'AFFECTION ▷
Le Siamois est une célèbre race de chat à poil court. Il se manifeste beaucoup et aime qu'on s'intéresse à lui. Par ce trait de caractère, il s'apparente au chien.

Pelage à poil court

EN CHASSE
Souvent, les chats à poil court sont plus actifs et indépendants que les chats à poil long. Par conséquent, si vous menez une vie très prenante, préférez un chat à poil court.

5 LES CHATS À POIL LONG

Ces chats portent une robe spectaculaire qui nécessite un brossage et un démêlage quotidiens. Si vous ne le faites pas régulièrement, votre chat avalera des poils, qui s'accumuleront et formeront des boules dans l'estomac, entravant ainsi le cours normal de la digestion. Quoi qu'il en soit, la beauté du chat et sa nature docile compensent largement les soucis liés à l'entretien.

Somptueuse queue touffue

Fourrure dense

△ **RAGDOLL TRANQUILLE**
Le Ragdoll est particulièrement docile. Lorsqu'on le prend, ses muscles se relâchent et il se laisse aller dans les bras de son maître, d'où son nom ("poupée de chiffon").

Fourrure à poil mi-long

TÂCHE QUOTIDIENNE
Les chats à poil long ont besoin de soins quotidiens. Les pelages négligés donnent des poils ébouriffés et emmêlés.

CHAT À POIL MI-LONG ▷
Si vous appréciez la beauté des chats à poil long, mais que vous n'avez pas le temps d'entretenir sa fourrure quotidiennement, vous pouvez envisager d'acquérir un chat à poil mi-long : son pelage est imposant, mais il possède un sous-poil beaucoup moins dense.

6 LES CHATS DE RACE

Si vous envisagez de faire un élevage, ou si vous souhaitez participer à des expositions, choisissez un chat doté d'un pedigree. Signalez-le au moment où vous choisissez votre chaton. En effet, certains chatons de race ne pourront pas être exposés. De plus, l'éleveur sera en mesure de repérer un futur gagnant. Les chats avec pedigree possèdent des caractéristiques physiques et un caractère propres. Ainsi, en choisissant votre chaton, vous aurez déjà une idée de son allure et de son comportement d'adulte. Mais attention au prix !

AIR DE FAMILLE ▽
Les élevages contrôlés de chats de race garantissent une ressemblance assurée de génération en génération.

Grand air de famille

△ REX DEVON
Il existe plus d'une centaine d'élevages de chats de race. Certains, comme l'élevage de Rex Devon, sont relativement récents.

Fourrure bien soignée

GAGNANT DU PRIX ▷
L'exposition féline représente un investissement de temps et d'argent significatif. Mais pour beaucoup, le plaisir de la compétition l'emporte.

7 LES CHATS SANS PEDIGREE

Si vous souhaitez un simple compagnon ou un ami pour les enfants, choisissez un chat sans pedigree : il sera d'aussi bonne compagnie. Il existe une infinie variété de chats "de gouttière", et la plupart possèdent une fourrure rayée ou marbrée. Leur principal avantage est qu'ils sont considérablement moins chers. Parfois, vous pouvez même en adopter un sans bourse délier.

Poil long et luisant

◁ **MOINS DE SOUCIS**
Un chat sans pedigree occasionne moins de soucis qu'un chat de race, de grande valeur et souvent moins aguerri.

△ **TOUT AUSSI BEAU**
De nombreux chats sans pedigree sont tout aussi attirants que les chats de race, et sont beaucoup moins coûteux.

Fourrure à poil court

LE TABBY
Le gène des marques de rayures, appelées tabby, est dominant. C'est pourquoi la plupart des chats sans pedigree ont un pelage rayé ou marbré. Ils sont souvent affectueux avec les hommes.

Rayures variées

13

8 OÙ ACHETER SON CHAT ?

Si vous désirez acquérir un chat de race, rendez vous chez un éleveur spécialisé. Dans les associations ou à la S.P.A., vous trouverez des chats abandonnés, perdus ou ceux dont le maître est décédé. N'hésitez pas à demander à votre vétérinaire : il est au courant de toutes les naissances.

△ REFUGE POUR CHAT
En choisissant votre chat dans un refuge, vous lui donnerez un foyer, et une vie heureuse.

◁ MAGASIN SPÉCIALISÉ
Vous pouvez acheter votre chat dans un magasin spécialisé. Mais il est plus sage de le faire ausculter par un vétérinaire avant de conclure l'achat.

9 EXAMEN MÉDICAL ET VACCINATION

Dès que vous êtes en possession du chaton, enregistrez-le auprès du vétérinaire. Interrogez vos voisins propriétaires de chats, ils vous recommanderont un vétérinaire. Il est indispensable de faire vacciner votre chat contre deux virus : ceux de l'entérite infectieuse et de la grippe féline qui peuvent engendrer des maladies mortelles. Ces vaccinations sont habituellement effectuées dès la neuvième semaine. Si vous adoptez un chat adulte, vérifiez qu'il a déjà été vacciné, et que des rappels réguliers ont été effectués. Il doit avoir un carnet de santé à jour.

EXAMEN DU CHATON ▷
Votre vétérinaire fera passer à votre chaton un examen médical et vous donnera un carnet de santé. Il vous posera probablement quelques questions sur son comportement. En effet, les troubles du comportement chez le chat sont souvent symptomatiques d'une maladie.

△ VACCINATION ET RAPPELS
Bien que les vaccinations ne soient pas dangereuses pour les chats, il est préférable de les faire sur un chat en bonne santé. Elles seront de moindre efficacité sur un chat malade. Après les premières injections, il faudra faire des rappels trois à quatre semaines plus tard.

10 L'ENREGISTREMENT DU PEDIGREE

Faites enregistrer le pedigree de votre chat auprès des autorités compétentes. Cette disposition est essentielle si vous souhaitez faire participer votre chat à des expositions ou des concours. Votre vétérinaire peut également vous indiquer la procédure à suivre. Si votre chat est déjà enregistré, vous devez signaler le changement de propriétaire.

- L'enregistrement doit se faire lorsque le chaton atteint l'âge de cinq semaines.
- Il s'agit alors d'inscrire le nom du chat, de décrire son pelage et de donner son origine.
- Si vous acheté un chat déjà enregistré, assurez-vous que l'on vous a bien donné tous les documents.

11 LA STÉRILISATION

A moins de vouloir élever des chatons, il est conseillé de faire stériliser son chat. Cette précaution empêchera la femelle d'avoir des chatons et évitera un comportement sexuel indésirable chez le mâle. Si l'on ne fait pas châtrer la femelle, elle entre en chaleur plusieurs fois par an, période pendant laquelle elle peut s'accoupler. Quant au matou, il quitte le foyer pour aller rôder, uriner aux alentours et se battre avec d'autres mâles. L'opération se fait sous anesthésie.

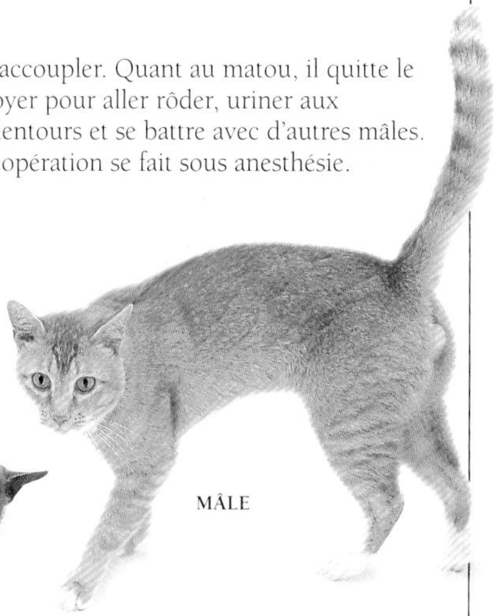

MÂLE

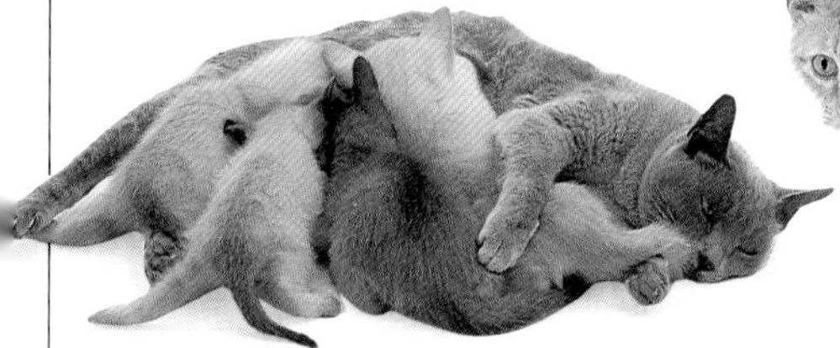

FEMELLE

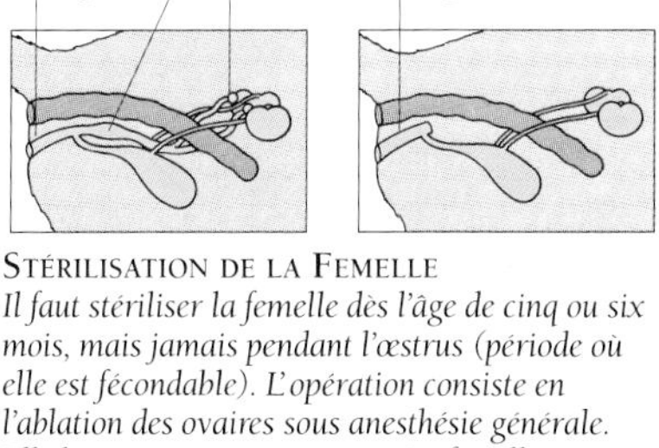
Utérus
Vagin
Ovaires
Vagin

STÉRILISATION DE LA FEMELLE

Il faut stériliser la femelle dès l'âge de cinq ou six mois, mais jamais pendant l'œstrus (période où elle est fécondable). L'opération consiste en l'ablation des ovaires sous anesthésie générale. Elle laisse une petite cicatrice. La femelle pourra être gardée une nuit.

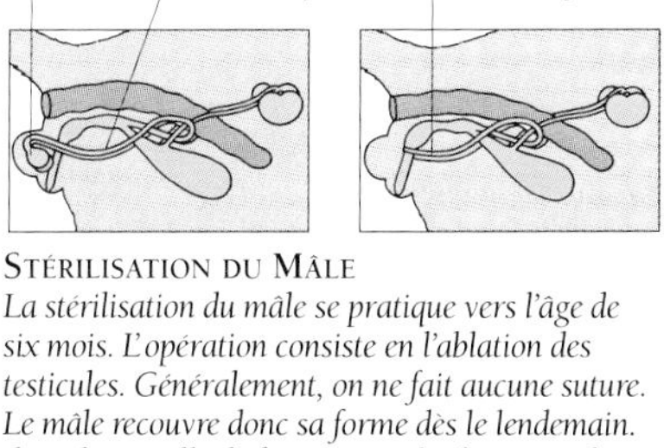
Testicules
Canaux déférents
Canaux déférents

STÉRILISATION DU MÂLE

La stérilisation du mâle se pratique vers l'âge de six mois. L'opération consiste en l'ablation des testicules. Généralement, on ne fait aucune suture. Le mâle recouvre donc sa forme dès le lendemain. Il est déconseillé de faire castrer le chat avant le développement complet de son pénis.

12 EXAMINER VOTRE CHATON

Il est difficile de résister à un adorable petit chaton. Mais ne faites pas votre choix sur un coup de tête : il est essentiel de choisir un chaton en parfaite santé. En effet, le chat peut vivre quinze ans : imaginez donc le nombre de consultations chez le vétérinaire si vous choisissez un chat en mauvaise santé !

▽ QUEL CHATON CHOISIR ?
Au premier coup d'œil, tous les chatons se ressemblent. Mais avec un peu plus d'attention, vous parviendrez à distinguer le chaton plein d'entrain du chaton craintif, le chaton paresseux du chaton timide. Observez-les en train de jouer et repérez les chatons témoignant d'un état maladif.

Chaton curieux

Chaton attentif

Chaton alerte

Chaton somnolent

RECONNAÎTRE LE SEXE DU CHATON ▷
Il est parfois très difficile de savoir si le chaton est mâle ou femelle. Pour déterminer son sexe, soulevez-lui la queue et observez l'orifice situé au-dessous de l'anus. La vulve de la femelle est très rapprochée de l'anus, tandis que chez le mâle, les testicules (région foncée légèrement bombée) et le pénis sont beaucoup plus distants de l'anus.

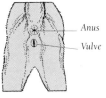

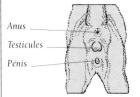

Anus

Testicules

Pénis

Anus

Vulve

MÂLE   FEMELLE

1 L'arrière-train doit être propre et sec. Soulevez délicatement la queue et recherchez les signes de diarrhée (*voir p. 56*) ou d'écoulements.

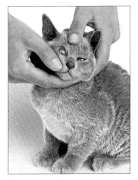

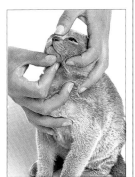

2 Les oreilles du chaton doivent être propres et sèches à l'intérieur. Si vous détectez du cérumen de couleur sombre, ou si le chaton se gratte l'oreille, il peut avoir la gale des oreilles (*voir p. 54*). N'introduisez jamais rien dans le canal auriculaire qui est très fragile.

3 De grands yeux propres sont un signe de bonne santé. Vérifiez que la troisième paupière n'est pas visible (*voir p. 53*).

4 Le museau doit être doux au toucher et légèrement humide. Les narines doivent être propres. Écoutez sa respiration. Si celle-ci est irrégulière, le chaton peut être atteint d'une infection virale.

5 Ouvrez la bouche du chaton. Vérifiez l'état des gencives, elles doivent être rose pâle et sans signes d'inflammation. Quant aux dents, elles seront blanches et l'haleine sera fraîche.

6 L'abdomen du chaton doit être arrondi, sans être ballonné. Si vous soulevez le chaton, il doit vous sembler plus léger qu'il n'en a l'air.

7 La fourrure doit être douce, régulière, et luisante. Écartez les poils pour rechercher la présence de parasites ou d'excréments laissés par les puces.

UN NOUVEAU COMPAGNON AU FOYER

13 QUELQUES ACCESSOIRES

Avant de recevoir votre chat, prenez quelques dispositions en vous équipant du matériel nécessaire. Pour prendre soin de votre chat, il existe toute une gamme de produits à des prix très variés. Regardez dans différents magasins avant d'effectuer votre choix.

PELLE

BAC POUR LITIÈRE

FOURCHETTE

CUILLÈRE

LITIÈRE

△ LA PROPRETÉ
La litière est indispensable si vous voulez garder un intérieur propre.

ÉCUELLE

△ LES REPAS
Choisissez une fourchette, une cuillère, une écuelle pour l'eau et une autre pour la nourriture, que vous réserverez à votre chat. Gardez toujours sa vaisselle propre en la nettoyant régulièrement. Évitez les désinfectants qui peuvent être toxiques pour le chat.

BROSSE

PEIGNE

△ L'ENTRETIEN
Pour l'entretien de sa fourrure, faites un choix de brosses et de peignes (voir p. 36-43).

ÉCUELLE

JOUETS POUR CHAT

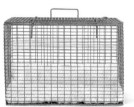

△ LE VOYAGE
Un panier à chat est indispensable pour transporter votre chat.

△ LE COUCHAGE
Achetez à votre chat une couche confortable.

△ LE JEU
Achetez ou fabriquez des jouets pour amuser votre chat.

14 COMMENT SOULEVER UN CHAT

Approchez-vous du chat lentement. Surtout, ne le saisissez pas d'un geste brusque. L'idéal serait qu'il s'approche spontanément de vous. Au premier contact, caressez-le doucement. Dès qu'il est habitué à vous, soulevez-le.

1 Placez une main sous la poitrine, et l'autre sous l'arrière-train. Le sternum doit reposer dans votre main.

2 ▷ Soulevez le chat délicatement, et amenez-le vers vous. Vous devez supporter le poids du chat avec la main située sous l'arrière-train.

15 COMMENT TENIR UN CHAT

La plupart des chats aiment qu'on les prenne et qu'on les garde dans les bras. Mais ils préfèrent en choisir le moment et ne restent souvent que très peu de temps. Si vous tenez un chat en le caressant, il sera rassuré. S'il commence à se débattre, laissez-le descendre. Si vous forcez un chat qui refuse de rester dans vos bras, il peut vous mordre ou vous griffer.

DÉLICATEMENT
Tenez le chaton avec douceur, et soutenez tout le poids de son corps.

DANS LES BRAS
Posez les pattes du chat dans le creux du bras.

SUR L'ÉPAULE
Placez les pattes sur l'épaule et soutenez le chat par l'arrière-train.

16 L'APPRENTISSAGE DE LA LITIÈRE

Disposez le bac à litière dans un coin tranquille de la maison. Le moment venu, le chaton s'accroupit en levant la queue. Placez-le alors dans le bac. Par instinct, le chaton recouvrira ses excréments. L'odeur enregistrée indiquera au chaton qu'il s'agit de son lieu de toilette et il y retournera. S'il reste en-dehors du bac, ne lui frottez jamais le nez de ses excréments.

DÉBUTANTS
Vous pouvez apprendre à votre chaton l'usage de la litière dès l'âge de quatre semaines.

17 BACS ET LITIÈRES

Il existe deux sortes de bacs pour litière : avec couvercle et ouverts. L'usage du bac fermé est idéal pour les chats timides, qui auront tendance à utiliser un lieu retiré pour faire leurs besoins. Si le chaton refuse de s'y rendre, peut-être est-il rebuté par l'odeur de la litière. Bien heureusement, il en existe toute une variété. Avant de remplir le bac, garnissez le fond de papier journal ou de couches de papier spécial.

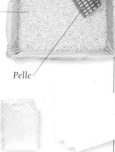
Bac originaire

Pelle

BAC FERMÉ **PAPIER SPÉCIAL** **PAPIER**

LITIÈRE LAVABLE
Litière non absorbante, à utiliser de nouveau après nettoyage.

TERRE À FOULON
Litière fabriquée à partir d'argile naturelle.

LITIÈRE LÉGÈRE
Une litière pratique à transporter.

BOIS
Litière à base de bois. Elle absorbe bien les liquides.

18 LA RENCONTRE AVEC LES AUTRES ANIMAUX DOMESTIQUES

Si le chaton est un nouvel arrivant parmi d'autres animaux vivant déjà au foyer, il faut prendre certaines dispositions. Nourrissez les animaux séparément pendant les premières semaines, et assistez à leurs rencontres. Le plus difficile est l'arrivée d'un chaton chez un chat adulte, qui peut se sentir menacé.

LIEU SÛR ▷
Lorsque vous ramenez votre chaton à la maison, réservez-lui un lieu où il se sentira en sécurité. Laissez-le s'habituer à son nouvel environnement.

RENCONTRE ENTRE CHIEN ET CHAT ▷
Soyez prudent lors des premières rencontres : maintenez le chien au bout d'une laisse ou placez le chat dans un petit parc à bébé. Une fois habitués l'un à l'autre, ils pourront rester sans surveillance.

◁ RENCONTRE ENTRE DEUX CHATS
Laissez le chat sentir le chaton, et si le chat s'apprête à attaquer, séparez-les immédiatement. Il faudra peut-être un mois avant qu'il ne s'habitue à cette nouvelle présence.

RENCONTRE ENTRE CHAT ET LAPIN ▷
Surveillez le chaton en compagnie de lapins ou de cochons d'Inde ; si le chaton monte sur un animal plus petit que lui, même en jouant, il pourrait le blesser. Ne laissez pas de petits animaux hors de leur cage si un chat adulte est aux alentours.

19 DONNER DES HABITUDES

On ne peut dresser un chat de la façon dont on dresse un chien, mais on peut tout de même lui donner certaines habitudes qui facilitent la vie quotidienne. Il est important que le chat sache reconnaître son nom.
Si vous l'appelez pour manger ou aller se coucher, il faut qu'il réagisse à vos appels.

△ LA TOILETTE
Brossez la fourrure de votre chat à poil long toujours au même moment. L'instant qui suit le repas est bien choisi. Si votre chat a le poil court, choisissez un horaire régulier, une fois par semaine.

◁ LES REPAS
Nourrissez votre chat régulièrement, au même endroit et au même moment chaque jour.

◁ LE JEU
Le jeu est une activité essentielle pour le développement du chat, surtout s'il s'agit d'un chat d'appartement. Passez 10 à 15 minutes par jour à jouer avec lui.

△ LE COUCHER
Disposez son panier dans un coin tranquille. Le chat commencera peut-être par vouloir dormir dans votre lit. Si vous ne souhaitez pas encourager cette attitude, placez le chat dans sa propre couche et fermez la porte pour la nuit.

20 UN CHAT D'APPARTEMENT HEUREUX

Les chats, à la différence des chiens, peuvent vivre très heureux en appartement, surtout s'ils n'ont jamais connu d'autre façon de vivre. Si vous gardez votre chat dans votre appartement, assurez-vous qu'il a à sa disposition toutes sortes de jouets pour s'amuser et faire de l'exercice. Sinon, vous pouvez adopter deux chatons à la fois : ainsi, ils pourront jouer ensemble.

◁ **LE CONFORT DE L'ANIMAL**
Les chats dorment jusqu'à 16 heures par jour. Aussi, donnez à votre chat une couche confortable, cela l'empêchera sans doute de faire des bêtises.

△ **DES DESTRUCTEURS**
Agité, le chaton commencera à abîmer vos objets personnels si vous ne lui donnez pas de jouets pour se distraire.

21 LES BONS COUPS DE GRIFFES

Pour éviter que le chat n'endommage votre mobilier par ses coups de griffes, procurez-vous un morceau de bois. Dès qu'il se met à griffer, posez-lui les pattes sur ce griffoir.

GRIFFOIR ▷
Voici un bon emplacement pour se faire les griffes : un poteau recouvert de corde et imprégné de cataire, sur lequel on aura accroché quelques jouets.

◁ **UN VRAI TRONC D'ARBRE**
Si votre chat a le droit de sortir, il trouvera certainement quelque tronc d'arbre qu'il pourra griffer à souhait.

22 LES DANGERS DOMESTIQUES

Le chat est d'un naturel curieux, et cette curiosité peut lui être fatale. Pensez à fermer les portes, les fenêtres, à refermer les boîtes et les ouvertures : vous protégerez ainsi votre chat de dangers éventuels, tels que la machine à laver ou la poubelle. Les objets décoratifs fragiles, les plantes toxiques (*voir p. 67*) et la nourriture doivent être hors de portée du chat.

ÉPINGLES   ÉLASTIQUES   COLLE

FICELLE   PUNAISES   FIL

△ NE PAS AVALER !
Ne laissez jamais d'objets de petite taille à portée de votre chat : il pourrait les avaler et être victime d'un étouffement ou d'un empoisonnement.

Casserole bouillante

Nourriture exposée

Machine à laver ouverte

Plante toxique

Objets fragiles

Poubelle

Sac plastique

23 L'HERBE-À-CHAT

L'herbe constitue une bonne source de fibres pour le chat. Elle joue également un rôle émétique, permettant ainsi au chat de régurgiter les substances que son estomac refuse de digérer, tels que les boules de poils. Si votre chat reste en permanence dans l'appartement, donnez-lui un peu de verdure à mâcher. Ce peut être de l'herbe, de la cataire, du thym, de la sauge ou du persil.

« HERBE-À-CHAT »

24 LA PERMISSION DE SORTIR

La plupart des chats veulent explorer leur environnement extérieur dès que possible. C'est pourquoi vous devrez certainement, les premières semaines, empêcher votre chat de se précipiter au-dehors chaque fois que vous ouvrez la porte. Une fois que le chat s'est habitué à son nouveau foyer, vous pouvez le laisser sortir sans surveillance.

SURVEILLANCE ▽
Surveillez ses premières promenades dehors.

△ **LE BESOIN DE SORTIR**
Gardez votre chat à l'intérieur jusqu'à ce qu'il soit habitué à son environnement.

FAIRE – NE PAS FAIRE
■ *Ne laissez pas sortir le chat par mauvais temps.*
■ *A chaque sortie du chat, assurez-vous qu'il porte son collier..*
■ *Ne laissez pas sortir le chat avant qu'il n'ait été vacciné.*

25 L'APPRENTISSAGE DE LA CHATIÈRE

Lorsque votre chat commence à sortir seul, pensez à installer une chatière : ainsi, il sera libre d'entrer et de sortir à son gré. Prenez soin de poser la chatière à bonne hauteur : le chat doit pouvoir passer sans difficulté. Placez-la à 15 cm du sol. La plupart des chats apprennent très vite à l'utiliser.

1 Si, au début, votre chat refuse de s'approcher de la chatière, placez-le devant la porte et maintenez le battant ouvert.

2 Pour encourager votre chat à passer par la chatière, attirez-le en posant de la nourriture de l'autre côté, ou bien soulevez-le gentiment et faites-le passer.

3 Votre chat apprendra rapidement à pousser le battant. S'il a quelques difficultés à traverser, il se peut que la chatière soit trop élevée par rapport au sol.

26 LES DIFFÉRENTES CHATIÈRES

Il existe des chatières plus ou moins sophistiquées. Certaines s'ouvrent de l'intérieur et de l'extérieur, d'autres seulement de l'extérieur, permettant au chat de rentrer mais pas de sortir. D'autres sont équipées d'une fermeture qui empêchera le chat de sortir la nuit. Les plus coûteuses sont les chatières électromagnétiques : elles s'ouvrent à l'approche d'un aimant posé sur le collier du chat.

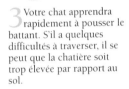

CHATIÈRE À FERMETURE
En installant une chatière à fermeture, vous empêcherez votre chat de quitter le foyer la nuit.

CHATIÈRE CLASSIQUE
Cette chatière de base sans fermeture n'empêchera pas les chats de gouttière de vous rendre visite.

27 LES DANGERS À L'EXTÉRIEUR

Si vous vivez au bord d'une route dont la circulation est très dense, et si vous n'avez pas de jardin, il n'est pas prudent de laisser sortir votre chat. Si vous avez un jardin, il existe malgré tout quelques dangers éventuels. Les outils de jardinage pointus et coupants, ainsi que les herbicides doivent être mis hors d'atteinte de votre chat. Vérifiez en outre que certaines plantes toxiques ne poussent pas dans votre jardin.

CISAILLES

HERBICIDES

FERTILISANT

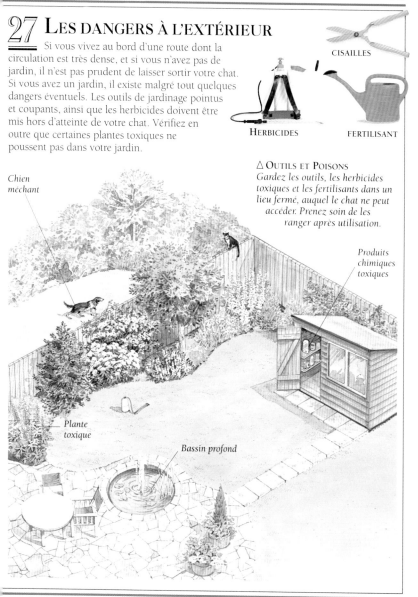

△ OUTILS ET POISONS
Gardez les outils, les herbicides toxiques et les fertilisants dans un lieu fermé, auquel le chat ne peut accéder. Prenez soin de les ranger après utilisation.

Chien méchant

Produits chimiques toxiques

Plante toxique

Bassin profond

27

28 LE CHOIX DU BON COLLIER

Le chat autorisé à sortir doit en permanence porter un collier avec son nom et votre numéro de téléphone. Quel que soit le collier que vous choisissez, assurez-vous qu'il est bien adapté au chat, et qu'il est doté d'une attache de sécurité élastique.

COLLIER SIMPLE

COLLIER RÉFLÉCHISSANT

COLLIER ANTI-PARASITAIRE

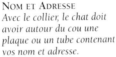

PLAQUE D'IDENTITÉ   TUBE   CLOCHETTE

NOM ET ADRESSE
Avec le collier, le chat doit avoir autour du cou une plaque ou un tube contenant vos nom et adresse.

VÉRIFIER LA TAILLE
Assurez-vous que la taille du collier est bien adaptée. Trop serré, le collier pourrait irriter le cou. Trop lâche en revanche, le chat pourrait apprendre à le retirer.

29 COMMENT PROMENER UN CHAT

Il est tout à fait possible de promener son chat en laisse. Habituez tout d'abord votre chat à porter un harnais, puis attachez-y la laisse. Lorsqu'il se sera habitué à la présence de la laisse derrière lui, faites-le avancer dans la maison ou dans le jardin. Le moment venu, emmenez-le en promenade dans un parc. Si votre chat résiste, ne le forcez pas à marcher.

ORIENTAL

BURMESE

SIAMOIS   BLEU RUSSE

EMMENEZ VOTRE CHAT FAIRE UN PETIT TOUR

△ **CHATS QUE VOUS POUVEZ PROMENER**
L'Oriental est l'espèce de chats qui marche le plus facilement avec une laisse.

30 LE CHAT EN VOYAGE

Les chats ne sont pas de bons voyageurs. Par conséquent, s'il vous accompagne en voyage, vous devez le mettre dans un panier bien adapté. Les paniers pour chats sont confectionnés en osier, en fil métallique, en plastique ou en carton. Le panier doit être solide et bien aéré. Ne laissez jamais un chat circuler librement sur la plage arrière de la voiture. Ne laissez jamais un chat dans une voiture à l'arrêt par temps chaud. Si vous devez laisser le véhicule sans surveillance, ne le laissez pas au soleil et assurez-vous que l'air y circule. Si le déplacement dépasse une demi-heure, arrêtez-vous pour permettre au chat de faire ses besoins, de manger et de boire.

VOYAGER EN SÉCURITÉ
En voyage, les chats doivent être placés dans un panier approprié.

1 Posez le panier à chat dans un lieu clos : s'il se débat et s'enfuit, vous le rattraperez plus rapidement et plus facilement.

2 Lorsque le chat se trouve dans le panier, vérifiez que la porte est bien fermée, puis posez-le dans le véhicule.

31 LE DÉMÉNAGEMENT

Les chats ont un sens très prononcé du foyer. En cas de déménagement, il est donc important de l'habituer à son nouvel environnement. Ne transportez pas le chat dans le camion de déménagement, mais gardez-le avec vous dans la voiture. Ne lui donnez pas à manger avant de partir, il pourrait être malade. À l'arrivée, donnez-lui à manger et à boire, déposez-lui une litière, et ne le laissez pas sortir immédiatement. Si votre chat ne revient plus quelques jours après votre déménagement, cherchez-le dans les environs de votre domicile précédent. Il n'est pas rare de voir un chat retourner sur son ancien territoire.

PASSAGER ARRIÈRE

32 LE TRANSPORT DU CHAT

Si votre chat voyage par l'air, le rail ou par mer, choisissez un panier rigide spécialement étudié pour le transport. Vous trouverez ces paniers dans les magasins spécialisés ou vous pouvez parfois les louer directement à l'aéroport. Le panier doit être solide, léger et bien aéré. Les instructions pour la nourriture doivent être portées sur le panier, ainsi que le nom et l'adresse du propriétaire.

■ Avant le voyage, informez-vous du règlement des transports d'animaux auprès de la compagnie.

■ Sur la plupart des lignes aériennes, les chattes allaitant leur portée et les chatons non sevrés ne sont pas acceptés.

■ Dans les avions, les chats et les chiens sont séparés, sauf s'ils viennent du même foyer.

■ Renseignez-vous sur la réglementation nationale et internationale des transports avant de voyager.

Une bonne aération est vitale

La poignée est essentielle

UNE CONCEPTION ADAPTÉE AU TRANSPORT
Un panier rigide, spécialement étudié pour transporter le chat dans les meilleures conditions.

Le panier doit être conçu de telle façon que le chat ne puisse pas se blesser.

33 LA MISE EN QUARANTAINE

Le virus de la rage peut parfois être fatal pour les animaux. Il se répand par la salive d'un animal infecté. La plupart des pays où la rage a disparu appliquent des mesures très strictes afin d'empêcher la propagation du virus. Toute personne violant le règlement de mise en quarantaine, et passant en fraude un animal dans un pays protégé du virus enfreint la loi.

■ Un chat entrant dans un pays protégé devra passer normalement plusieurs mois en quarantaine.

■ Si vous avez l'intention de voyager dans un pays non atteint par la rage, l'obtention de certains documents est indispensable avant d'entreprendre le voyage.

■ Les pays ont des règlements de mise en quarantaine différents. Vous trouverez les informations nécessaires auprès de votre vétérinaire.

34 Choisir une pension pour chat

Si vous partez pour quelques jours, demandez à un voisin de passer chez vous une fois par jour pour nourrir votre chat. Si ce n'est pas possible, vous pouvez le confier à une pension pour chats. Avant de réserver, allez sur place inspecter les lieux. Elle doit être propre, sûre, et si les chats peuvent se voir, ils ne doivent cependant pas pouvoir entrer en contact physique. N'oubliez pas de donner au personnel les instructions concernant le régime alimentaire. Réservez à l'avance.

△ Enclos collectifs
Dans ce type de pension, on laisse ensemble les chats d'un même foyer. Pour prévenir toute maladie, les chats de foyers différents ne doivent pas partager la même cage.

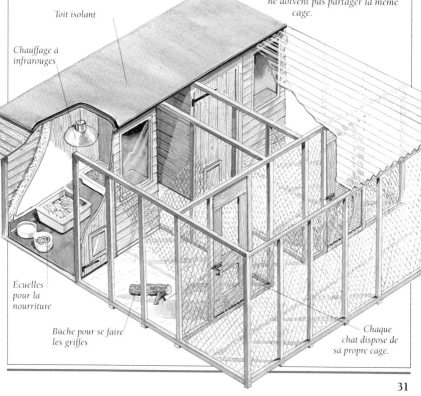

Toit isolant

Chauffage à infrarouges

Écuelles pour la nourriture

Bûche pour se faire les griffes

Chaque chat dispose de sa propre cage.

L'ALIMENTATION

35 QUELQUES ACCESSOIRES

Les chats sont très méticuleux pour tout ce qui touche à leur alimentation. Vous devez donc leur offrir une nourriture saine. N'oubliez pas de nettoyer régulièrement leurs écuelles. Rangez la vaisselle de votre chat séparément de la vôtre, en la mettant dans une boîte en plastique par exemple. Si vous partez pour la journée, utilisez un appareil d'alimentation automatique. Il s'agit d'un appareil qui donne à manger au chat à des heures programmées à l'avance.

■ Ne servez jamais de nourriture dans une écuelle sale : le chat ne la mangera pas.
■ Si vous vous absentez pour plus de 24 heures, n'utilisez pas l'appareil d'alimentation automatique, car la nourriture perdra de sa fraîcheur.
■ Gardez propre l'endroit où le chat s'alimente. Placez un tapis ou du papier journal sous les écuelles pour l'eau et la nourriture.

◁ ÉCUELLES
Les écuelles sont en matière plastique ou bien en faïence. Plus l'écuelle sera lourde, moins il sera possible de la renverser.

POUR DE COURTES ABSENCES ▽
Si votre voisin ne peut venir nourrir votre chat, utilisez un appareil d'alimentation automatique.

OUVRE-BOÎTES

COUVERTS

ÉCUELLE DOUBLE

ÉCUELLES EN PLASTIQUE

ÉCUELLE EN CÉRAMIQUE

△ COUVERTS
Achetez un ouvre-boîtes, une fourchette, un couteau et une cuiller que vous réserverez à votre chat.
RANGEMENT ▷
Refermez les boîtes de conserve à demi consommées avec des couvercles en plastique : la nourriture gardera sa fraîcheur. Rangez la vaisselle dans une boîte en plastique.

COUVERCLES ET BOÎTES EN PLASTIQUE

APPAREIL D'ALIMENTATION AUTOMATIQUE

36 OÙ NOURRIR LE CHAT ?

Prévoyez pour votre chat un espace calme, réservé à son alimentation. L'idéal serait un coin dans la cuisine. Gardez cet espace propre, et si vous avez d'autres animaux domestiques, faites en sorte qu'ils se nourrissent dans des écuelles séparées. En effet, un gros chat empêchera un chaton de manger.

TOUJOURS AVEC DÉLICATESSE

37 SURALIMENTATION

Un chat suralimenté peut devenir obèse, ce qui entraîne une fatigue du cœur. Si votre chat prend du poids sans que vous le nourrissiez excessivement, vérifiez qu'on ne le nourrit pas ailleurs. Une importante prise de poids peut également être causée par un déséquilibre hormonal.

CHAT SURALIMENTÉ ET EN MAUVAISE FORME

38 LES BESOINS QUOTIDIENS

Il faut offrir au chat une alimentation équilibrée et régulière, riche en protéines et en graisses. Le tableau ci-dessous décrit l'alimentation du chat à tous les âges de la vie, du jeune chat récemment sevré jusqu'au chat âgé.

Vous trouverez les différents aliments ainsi que les quantités conseillées. Au fil des ans, les besoins en nourriture diminuent, mais si le chat âgé est incapable d'absorber efficacement sa nourriture, il se peut qu'il en réclame plus.

Âge	Nourriture	Quantité	Repas
2-4 mois	Conserves pour chaton	200-400 g	3-4
4-5 mois	Conserves pour chaton	environ 400 g	3-4
5-6 mois	Conserves pour chaton	400-500 g	2-3
6-12 mois	Conserves pour chaton	500-600 g	2-3
Adulte	Conserves	500-600 g	1-2
	Aliments semi-humides	20-30 g	1-2
	Croquettes sèches	50-100 g	1-2
Gestation	Conserves	1/3 de plus que d'habitude	2-4
Allaitement	Conserves	3 fois + que d'habitude	2-4
Vieillesse	Conserves	Moins copieux pour les chats inactifs	1-2

39 LA NOURRITURE EN BOÎTE

En nourrissant régulièrement votre chat de conserves, vous lui assurez une alimentation équilibrée. La plupart des marques proposent une nourriture qui contient tous les ingrédients nécessaires à la bonne santé du chat, y compris la dose de protéines recommandée. Pour varier, donnez, en supplément des conserves, quelques croquettes sèches ou semi-humides, ou encore des aliments frais.

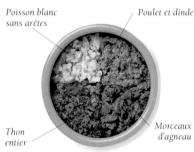

Poisson blanc sans arêtes

Poulet et dinde

Thon entier

Morceaux d'agneau

40 LES CROQUETTES SÈCHES

Les croquettes sèches et semi-humides sont délicieuses pour le chat, et par ailleurs économiques. Il en existe une grande variété. Suivez les indications données par le fabricant et donnez au chat une bonne quantité d'eau à boire.

▽ **CROQUETTES SEMI-HUMIDES**
Elles contiennent un faible taux de matière grasse, mais ne se conservent pas aussi bien que la nourriture en boîte. Elles sont relativement coûteuses.

CANARD ET LAPIN

CREVETTES ET THON

LÉGUMES ET POISSONS

DINDE ET POULET

CROQUETTES SÈCHES △
Toutes les croquettes en forme de mini-biscuits sont excellentes pour les dents du chat.

41 LES GOURMANDISES

La plupart des chats sont gourmands. Ces croquettes, de formes et de saveurs différentes, apportent une certaine variété dans l'alimentation du chat. Les aliments à mastiquer sont particulièrement conseillés pour conserver au chat des gencives et des dents saines.

ASSORTIMENT

POISSON SÉCHÉ

BŒUF ET POULET

POULET

PASTILLES AU LAIT

LAPIN ET DINDE

42 LES ALIMENTS FRAIS

De temps en temps, votre chat prendra plaisir à se nourrir d'aliments frais. Vous pouvez lui en servir une à deux fois par semaine. Cependant, si vous le nourrissez exclusivement d'aliments frais, il vous faudra établir un régime nutritionnel équilibré.

◁ **ŒUFS**
Certains chats aiment les œufs. Donnez-lui un œuf brouillé en guise de repas. Ne lui proposez jamais d'œuf cru.

△ **VARIÉTÉ**
Il faut donner au chat une alimentation variée. Il est donc important d'introduire une certaine diversité dans les repas, et d'encourager le chat à goûter de nouveaux aliments, qui doivent bien sûr convenir à sa nature.

VIANDE
La viande grillée ou bouillie doit être servie tiède, en petits morceaux ou émincée.

VOLAILLE
La plupart des chats se délectent de poulet, mais pensez à retirer les os avant de le lui donner.

POISSON
Le thon en boîte constitue un repas vite préparé. Vous pouvez cuire le poisson à la vapeur ou le pocher. Évitez de le faire bouillir.

BOUILLIE
Les chatons adorent la bouillie préparée au lait chaud. N'ajoutez pas de sucre.

43 L'EAU

Le chat trouve la plupart de ses besoins en eau dans les aliments. Il doit cependant avoir à sa disposition de l'eau fraîche à tout moment. La quantité d'eau nécessaire à son corps dépend de l'alimentation et de son environnement. Vous devez toujours ajouter un peu d'eau fraîche à ses repas de croquettes sèches.

44 LE LAIT

Ne donnez pas de lait pour remplacer l'eau. Le lait n'est pas indispensable à son régime alimentaire, et certains chats le digèrent difficilement. Ne nourrissez pas un chat, dont l'estomac est malade, au lait de vache : cela pourrait aggraver son état. Servez le lait toujours frais.

L'ENTRETIEN ET LA TOILETTE

45 COUPER LES GRIFFES

Si votre chat reste constamment au foyer, prenez l'habitude de lui couper les griffes régulièrement. Si vous négligez de le faire, les griffes, en poussant, peuvent blesser les coussinets. Cela engendrera une infection qui nécessitera les soins d'un vétérinaire. Il est formellement déconseillé de retirer complètement les griffes : cette opération chirurgicale annihile le système naturel de défense de l'animal.

PINCE

COUPE-ONGLES

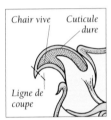

Chair vive — Cuticule dure

Ligne de coupe

ANGLE DE COUPE
N'entamez pas la partie rosée : vous provoqueriez une intense douleur et un saignement.

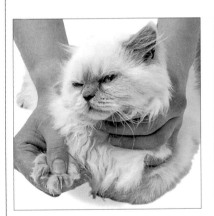

1 Maintenez doucement le chat par le poitrail. Prenez la patte dans une main. Mettez les griffes en évidence en exerçant une légère pression sur la patte.

2 Utilisez un coupe-ongles bien aiguisé ou un coupe-griffes. Coupez l'extrémité blanche de la griffe. Si vous hésitez sur la longueur à couper, épointez simplement.

46 NETTOYER LES YEUX

Examinez régulièrement les yeux de votre chat.
Les petites sécrétions claires sont normales. Si
néanmoins vous constatez autre chose, votre
chat souffre probablement d'un trouble
quelconque. Les chats à poil long sont
sujets à ce genre de problème. En effet,
les canaux lacrymaux se bouchent et
la région qui entoure l'œil perd
sa coloration habituelle. Il
faut alors nettoyer les yeux.

*Examinez
régulièrement
ses yeux*

**LOTION
OCULAIRE**

PETIT BOL

**COTON
HYDROPHILE**

◁ **PRÉPARATION**
*Versez un peu de
lotion oculaire dans
un bol, et préparez
un coton.*

△ **EXAMEN DE L'ŒIL**
*Avant de commencer à
nettoyer, observez
soigneusement les yeux
du chat en recherchant
des signes d'écoulements.*

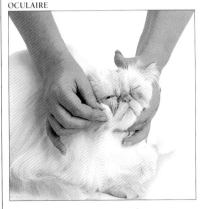

1 Après avoir observé les yeux,
passez délicatement sur le pourtour
de l'œil, un coton imbibé de lotion
oculaire, en maintenant sa tête.

2 Essayer de retirer les saletés autour des
yeux. Séchez les poils à l'aide de coton ou
d'une serviette. Procédez très prudemment en
veillant à ne pas toucher le globe oculaire.

47 NETTOYER LES OREILLES

Une inflammation de l'oreille ou la présence de cérumen noirâtre peuvent être le signe d'un trouble chez le chat. Retirez le corps étranger uniquement lorsqu'il se trouve en surface. S'il s'est logé dans le canal, demandez à votre vétérinaire de le faire.

Observez le cérumen dans l'oreille.

LOTION

PETIT BOL

COTON HYDROPHILE

◁ **PRÉPARATION**
Pour nettoyer les oreilles du chat, il vous faut une lotion adaptée, un petit bol, et du coton.

△ **EXAMEN DE L'OREILLE**
N'introduisez jamais d'objet dans l'oreille, pas même un coton-tige : les oreilles du chat sont extrêmement fragiles.

1 Après avoir recherché la présence de cérumen de couleur foncée, nettoyer l'intérieur de l'oreille avec du coton trempé dans la lotion.

2 Soyez très prudent : en frottant de façon vigoureuse, vous pouvez incommoder le chat, ou même abîmer l'oreille. Procédez en effectuant un lent mouvement circulaire.

48 NETTOYER LES DENTS

Pour empêcher la formation de tartre, il faudrait brosser les dents du chat une fois par semaine. Plus tôt vous l'habituerez à cette pratique, et plus la séance de brossage sera facile pour vous comme pour le chat. Si votre chat s'y refuse absolument, demandez à votre vétérinaire s'il a besoin d'un détartrage. On peut réaliser ce soin sous sédatif.

Évitez de toucher les moustaches.

DENTIFRICE | **COTON-TIGES**
BROSSE À DENTS

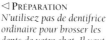

◁ **PRÉPARATION**
N'utilisez pas de dentifrice ordinaire pour brosser les dents de votre chat. Il vaut mieux employer une pâte spéciale pour animaux.

△ **DENTS ET GENCIVES SAINES**
Les chats peuvent souffrir de caries et de maladies des gencives. Vous préviendrez ces problèmes en nourrissant votre chat de croquettes sèches.

1 Posez un peu de pâte dentifrice sur les lèvres du chat afin de l'habituer au goût. Touchez délicatement les gencives avec un coton-tige pour le préparer à la brosse à dents.

2 À présent, essayez de lui brosser les dents avec une brosse et du dentifrice, ou encore avec de l'eau salée. Vous aurez sûrement besoin d'aide pour immobiliser le chat.

49 Brosser un chat à poil court

Pour garder au pelage sa douceur et sa brillance, brossez le poil de votre chat une fois par semaine. Essayez de respecter un horaire régulier.

PEAU DE CHAMOIS

PEIGNE EN MÉTAL

BROSSES EN SOIES OU EN CAOUTCHOUC

◁ **Préparation**
Le brossage nécessite un matériel varié.

△ **Bonne Humeur**
Choisissez un moment où le chat est détendu.

1 Enlevez les nœuds avec un peigne en métal, et recherchez d'éventuels points noirs, symptômes de puces.

2 Passez la brosse en soies ou en métal dans le sens du poil. Brossez le pelage entier.

3 Ensuite, utilisez la brosse en caoutchouc pour lisser le pelage et enlever les poils qui tombent.

4 Plusieurs fois par mois, appliquez quelques gouttes de lotion spéciale pour embellir la fourrure. Elle fera ressortir la couleur et la brillance du pelage.

5 Faites pénétrer la lotion avec une peau de chamois. En plus de la toilette, les caresses et une alimentation équilibrée préserveront la beauté de la fourrure.

50 BROSSER UN CHAT À POIL LONG

S'il a le poil long, brossez votre chat tous les jours. Il gardera ainsi un pelage brillant et élégant. La toilette permet en outre d'enlever les poils qui tombent et les peaux mortes, elle stimule aussi la circulation.

GROS PEIGNE   **TALC**   **BROSSE**

◁ **PRÉPARATION**
Un gros peigne, une brosse et du talc constituent le matériel nécessaire au brossage d'un chat à poil long.

1 Peignez la fourrure de l'abdomen et des pattes. Démêlez les nœuds avec les doigts.

2 Peignez la fourrure sur le dos, toujours en direction de la tête. Procédez par petites surfaces, et peignez-les séparément.

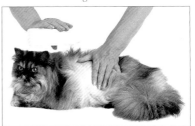

3 Saupoudrez votre chat de talc, une fois par semaine. La poudre vous aidera à enlever les nœuds à la main et à nettoyer sa fourrure.

4 Brossez la fourrure qui entoure le cou, du bas vers le haut. Vous ferez ainsi apparaître une collerette.

5 Les poils parfaitement démêlés, brossez à rebrousse-poil de la tête à la queue avec une brosse.

6 Finissez en brossant la queue. Écartez soigneusement les poils et brossez de chaque côté.

51 LA TOILETTE DU CHATON

Le chaton fait sa toilette lui-même, régulièrement. Vous pouvez cependant l'aider à prendre soin de sa fourrure et de ses dents. Plus tôt vous prendrez l'habitude de faire sa toilette, plus tôt il s'habituera. N'oubliez jamais qu'un chaton est à la fois plus vif et plus fragile qu'un chat adulte.

DOUCEUR
Avant de commencer, caressez le chaton.

1 Peignez la fourrure de la tête à la queue, et démêlez les nœuds, en prenant soin de ne pas lui faire mal. Recherchez la présence de puces (*voir p. 52*).

2 Une fois la fourrure démêlée, enlevez les poils morts à l'aide d'une brosse. Regardez bien les pattes et entre les coussinets qui se salissent facilement.

3 Finissez en brossant les dents et les gencives du chaton. Il trouvera ce moment désagréable, mais si vous persistez, avec le temps, il finira par se laisser faire.

Poil doux et lustré à la tête

Fourrure lisse sur le ventre

Queue soyeuse

Pattes propres

52 LE BAIN

Dans certaines circonstances, il devient nécessaire de faire prendre un bain au chat : si la fourrure est contaminée, ou si le chat doit participer à une exposition féline. La plupart des chats ont horreur du bain. Il faudra donc vous faire aider par une autre personne. À la sortie du bain, séchez le chat rapidement en le recouvrant d'une grande serviette bien chaude.

CHIFFON DOUX **SHAMPOOING** **BROC**

PRÉPARATION △
Préparez le matériel avant de commencer.

SERVIETTE

1 Remplissez un bac d'eau chaude (10 cm de profondeur). Tenez le chat fermement car il se débattra au moment où vous le mettrez dans l'eau.

2 Dans le broc, mélangez un peu de shampooing, puis versez le liquide sur le chat, en partant de la nuque jusqu'aux pattes. Essayez de ne pas lui mouiller la tête.

3 Rincez le chat abondamment à l'eau chaude, enveloppez-le dans une serviette. Séchez-le.

CHAT FIN PRÊT
Séchez la fourrure avec un sèche-cheveux, à moins que l'appareil n'effraie votre chat.

À présent, vous pouvez brosser la fourrure.

43

LE COMPORTEMENT DU CHAT

53 L'INSTINCT DE CHASSE

L'instinct de la chasse est inné chez tous les chats. Même si vous réprimandez votre chat, il conservera toujours cet instinct. Mais n'allez pas croire qu'il agit ainsi sous l'emprise de la faim : le chat domestique, nourri régulièrement, n'a pas besoin de chasser pour manger. Les petits rongeurs et les oiseaux restent ses proies favorites pour s'amuser.

L'APPRENTISSAGE
Les chatons apprennent peu à peu à devenir chasseur en jouant. Si vous donnez un jouet au chaton, il s'avancera furtivement, puis bondira dessus.

54 LE TROPHÉE DU CHASSEUR

Le chat peut vous rapporter un oiseau ou une souris et déposer sa proie à vos pieds, avec fierté, contribuant ainsi au ravitaillement du foyer. La meilleure chose à faire est donc de l'accepter. Cependant, débarrassez-vous rapidement du petit rongeur car il peut être porteur de maladies. Si vous grondez votre chat, il pensera que son offrande ne vous satisfait pas et retournera chasser dans l'intention de vous faire plaisir.

L'OFFRANDE DU CHASSEUR
Après une chasse fructueuse, le chat rapportera sa proie à la maison.

55 LE SECOURS AUX OISEAUX BLESSÉS

Les propriétaires de chats se trouvent souvent confrontés au problème des oiseaux blessés que le chat rapporte à la maison. Pour venir en aide à un oiseau blessé, posez-le dans une boîte sûre et bien aérée, et emmenez-le dans une association de protection des animaux. Évitez de toucher à l'oiseau : vous pourriez aggraver son état s'il souffre d'un traumatisme. La plupart des oiseaux blessés meurent sous l'effet du choc.

Confiez à un spécialiste les soins à un oiseau blessé.

56 LE MARQUAGE DU TERRITOIRE

Le chat possède son territoire propre. Il le délimite en se frottant contre les objets pour laisser des odeurs émises par certaines glandes et en urinant sur les points qui en marquent la frontière. Habituellement, le chat laisse sa trace à l'extérieur. Mais s'il commence à le faire à l'intérieur, il a probablement été contrarié par quelques changements dans ses habitudes. Un nouveau chat au foyer peut également reproduire ce genre de comportement.

△ URINES DANS LA MAISON
Demandez à votre vétérinaire d'ausculter votre chat, car cette attitude peut être le signe d'une maladie et non simplement celui d'une contrariété.

SOLUTIONS ▷
Pour enlever les odeurs, utilisez un désinfectant approprié ou du liquide vaisselle.

45

57 LE CHAT TIMIDE

Le chat timide garde la queue entre les pattes et ses yeux lancent des regards furtifs. Face à un étranger, il s'enfuira pour aller se cacher. Généralement, les chats ne sont pas de nature timide. Mais si votre chat présente soudainement quelque signe de timidité, celui-ci est peut-être dû à un brusque changement de ses habitudes. Si un chaton est timide, peut-être est-ce lié au fait qu'il n'a jamais été habitué à la présence humaine.

◁ CARESSE RASSURANTE
Habituez lentement votre chat à votre toucher. Caressez-le et parlez-lui doucement. Récompensez-le avec un peu de nourriture.

△ REFUGE
Un endroit protégé, comme ce coussin avec hotte, aidera votre chat à se sentir en sécurité. Apeuré ou effrayé, il y trouvera refuge.

58 LE CHAT DÉPENDANT

Le chat montre une dépendance excessive lorsqu'il suit son maître, et cherche continuellement à attirer son attention en miaulant. Si vous êtes rarement à la maison, il est préférable de ne pas acheter un Siamois qui demande beaucoup d'attention. Occupez votre chat en lui donnant des jouets ou en le laissant sortir régulièrement.

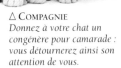

◁ BESOIN D'ATTENTION
Certaines attitudes, comme des oreilles sans cesse écartées et attentives, marquent un signe de dépendance chez le chat.

△ COMPAGNIE
Donnez à votre chat un congénère pour camarade : vous détournerez ainsi son attention de vous.

59 LE CHAT AGRESSIF

L'agressivité du chat envers l'homme est un phénomène assez rare. Si votre chat se met soudain à mordre ou à griffer, il se peut qu'il se sente mal et éprouve une douleur. Il se peut également que vous l'ayez traité avec rudesse et lui ayez fait mal. Les chats qui s'ennuient, constamment enfermés et privés de jouets comme d'attention, peuvent aussi développer un caractère agressif.

◁ **AGRESSION SUBITE**
Un chat subitement agressif émet grondements et sifflements, et aplatit les oreilles. La douleur peut être à l'origine d'un tel comportement.

JEU
En jouant avec son maître, le chat peut mordre. Ces petites morsures ne sont pas douloureuses. Mais soyez prudent lorsqu'il est allongé sur le dos : dans cette position, il se sent vulnérable et peut devenir agressif.

60 LE CHAT VAGABOND

Généralement, seuls les mâles non stérilisés et les chats abandonnés ont tendance à rôder. Les chats peuvent survivre sans les soins que leur prodiguent les hommes, et retourner à un état semi-sauvage. Faites cesser cette habitude chez votre chat en le nourrissant à des heures régulières et en le maintenant au foyer pour une courte période.

BESOIN DE NOURRITURE
Pour empêcher votre chat d'aller errer, donnez-lui ses repas à des heures précises. Si vous négligez son appétit, il partira à la recherche de nourriture, dans un autre foyer.

Queue levée

Oreilles en alerte

Marche assurée

61 LE CHAT BELLIQUEUX

Le chat non stérilisé est très possessif quant à son territoire. Il le défendra contre tout chat qui essaiera d'y pénétrer, et combattra pour sa femelle. Il arrive que les chats, mâles ou femelles, se battent, mais beaucoup moins fréquemment que les matous non stérilisés. La stérilisation rend les mâles plus calmes.

Le chat montre les dents

Les dents sont cachées

Fourrure lisse sur le dos

LUTTE AMICALE ▷
Les chatons jouent à se battre et apprennent ainsi à se défendre. Généralement, il n'en résulte pas de blessure. En jouant, le chat n'émet pas de feulements.

△ **COMBAT RÉEL**
Lors de vrais combats, le chat hérisse la queue et fait le gros dos, et peut mordre cruellement.

62 LE CHAT NERVEUX

Naturellement, le chat se lèche et fait sa toilette régulièrement. Toutefois, si votre chat adopte cette attitude sans aucune interruption, ce peut être un signe d'anxiété. Généralement, le chat s'attache alors à une région bien précise du corps, qu'il mordille et lèche, ce qui peut entraîner une dermite ou une perte définitive des poils. Essayez de mettre votre chat en confiance, surtout si cette attitude a été provoquée par un changement de vos habitudes. Si le chat ne réagit pas, consultez un vétérinaire : il pourra prescrire des tranquillisants ou vous orienter vers un comportementaliste pour animaux.

Le chat nerveux lèche constamment un endroit précis

63 LE CHAT " HERBIVORE "

Votre chat peut devenir l'ennemi de vos plantes d'intérieur. Il peut mastiquer les feuilles et les fleurs, et déterrer le pot pour l'utiliser comme litière. Il existe deux solutions pour remédier à ce problème : donner au chat un pot avec de l'herbe à mastiquer (*voir p. 25*), et asperger les plantes de jus de citron dilué, substance très désagréable aux chats. Pour empêcher le chat de déterrer les pots, tapissez-les de gravier ou d'un treillis métallique.

SOLUTION ▽
Pour empêcher votre chat de dévorer vos plantes d'intérieur, aspergez régulièrement les feuillages de jus de citron dilué. La plupart des chats en détestent le goût.

PROBLÈME ▽
Le chat qui vit en intérieur et n'a pas accès à la verdure peut se mettre à mastiquer vos plantes.

Feuilles attirantes pour le chat

64 LA DISCIPLINE

Vous devez dresser votre chat dès le plus jeune âge en lui imposant une discipline. Si vous attendez l'âge adulte, le chat aura déjà pris ses habitudes. Ne faites jamais usage de la force pour le dresser. Vous pouvez utiliser une méthode efficace et humaine qui consiste à asperger le chat avec un pistolet à eau. En dernier recours, donnez-lui une petite tape sur la tête, avec un journal.

PETITE TAPE ▷
Si toutes les tentatives ont échoué, donnez-lui une petite tape sur la tête.

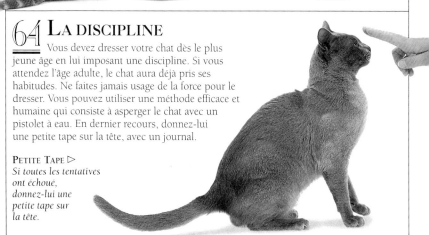

LA SANTÉ DU CHAT

65 L'EXAMEN DE SANTÉ

Un comportement inhabituel, tel qu'un manque d'appétit ou un état léthargique, peut annoncer une maladie chez le chat. Si des signes de mauvaise santé persistent, consultez votre vétérinaire. En effet, le chat montre peu de symptômes avant que son état ne soit grave. Vous pouvez éviter qu'une maladie passe inaperçue en examinant régulièrement votre chat aux moments où il est détendu.

FOURRURE
Recherchez la présence de griffures, de puces, ou de zones aux poils arrachés. Regardez si la peau a changé de couleur et si le chat ne perd pas trop ses poils.

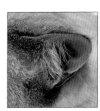

OREILLES
Détectez la présence de cérumen noirâtre, de sécrétions, ou d'écoulements.

Vérifier la base de la queue en recherchant la présence d'abcès.

CHAT EN BONNE SANTÉ ▷
Fourrure luisante, vitalité, aisance dans les mouvements et entrain sont le signe d'une bonne santé.

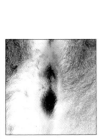

SOUS LA QUEUE
Observez si votre chat urine avec difficulté, s'il lèche avec insistance ses parties génitales, et s'il est atteint de diarrhée.

Si votre chat boite si un membre est enflé ou sa démarche anorma vous devez le faire examiner.

EUX
*echerchez des traces
'écoulements,
inflammation de la
aupière.
egardez
la
oisième
aupière
st
pparente.*

DENTS
*Recherchez la présence
de bave, une inflamma-
tion des gencives et une
mauvaise
haleine.*

NEZ
*Recherchez des
écoulements, des
éternuements
fréquents et une
respiration difficile.*

66 CONSULTER LE VÉTÉRINAIRE

Il n'est certes pas raisonnable de conduire
son chat chez le vétérinaire chaque fois
qu'il semble un peu souffrant. Mais dans
certains cas — si vous pensez que votre
chat est blessé, qu'il a subi un choc, ou
qu'il souffre d'une douleur chronique —
une visite s'impose. Prenez soin de
téléphoner avant de vous rendre sur place,
vous vous épargnerez peut-être ainsi un
déplacement et une dépense inutiles. Le
vétérinaire saura vous conseiller sur la
santé de votre chat.

TÉLÉPHONER POUR DEMANDER CONSEIL
AVANT DE SE RENDRE CHEZ LE VÉTÉRINAIRE

67 L'ASSURANCE DU CHAT

Les honoraires du vétérinaire peuvent
atteindre des sommes importantes. En
cotisant pour une assurance annuelle, vous
réaliserez peut-être quelques économies.
Les polices d'assurances couvrent
pratiquement tous les soins, sauf les
vaccinations classiques et les opérations de
stérilisation, rarement incluses. Certaines
compagnies dédommagent le décès par
accident, ou la perte.

68 LES PUCES

La présence de parasites externes tels que puces, poux et tiques est fréquente chez le chat. Le premier signe d'infestation par un de ces parasites est une démangeaison chronique. Les symptômes se traduisent par une irritation visible de la peau et une perte de poils. On reconnaît les puces à de minuscules points brun-rouge, et la fiente des puces à de petites particules noires. Certains chats sont allergiques à la fiente des puces ou à leurs sécrétions.

◁ PUCE
Elle a la taille d'une tête d'épingle, et se loge habituellement dans la région du cou et à la base de la queue.

△ SPRAY
Utilisez un produit anti-puce pour traiter votre chat mais aussi son environnement (litière, coussin...).

1 Immobilisez le chat et saupoudrez sa fourrure d'un insecticide approprié.

2 Faites pénétrer la poudre en caressant la fourrure à rebrousse-poil.

3 Lorsqu'elle a bien pénétré, enlevez le surplus de poudre à l'aide d'un peigne.

69 LE COLLIER ANTIPUCES

Si votre chat a été infesté par les puces et que vous avez pris toutes les mesures nécessaires — désinfection du couchage et du matériel — vous pouvez lui mettre un collier antipuces pour prévenir tout nouveau problème.
Ce collier constitue une protection continue contre les puces. Si votre chat montre à un moment donné des signes d'irritation autour du cou, retirez le collier.

Enlevez régulièrement le collier pour vérifier l'absence d'irritation.

70 VÉRIFIER LES YEUX

Écoulements, paupières collées,
yeux voilés, ainsi que troisième paupière
apparente (*voir ci-dessous*) sont les
différents symptômes d'une maladie de
l'œil. La plupart de ces affections peuvent
être traitées à l'aide de gouttes oculaires.
Une sévère maladie de l'œil restée sans
traitement peut aboutir à la cécité du chat.
Le chat aveugle compense généralement la
perte de sa vue par le développement de ses
autres sens, et arrive malgré tout à vivre. Si
vous observez une anomalie dans les yeux
de votre chat, soignez-le rapidement.

◁ **TRAITEMENT OCULAIRE**
*N'appliquez jamais de gouttes
ou de pommade sans avoir au
préalable consulté votre
vétérinaire. Celui-ci fera un
examen des yeux très poussé.
À l'aide d'un ophtalmoscope,
il pourra observer les parties
internes de l'œil.*

△ **TESTER LA VUE
DU CHAT**
*Cachez un œil et déplacez
lentement le doigt devant
l'autre. Si le chat cligne de
l'œil, sa vue est bonne.*

71 LA TROISIÈME PAUPIÈRE

Pour protéger leurs yeux, les chats sont dotés d'une
paupière supplémentaire, appelée troisième paupière. Il
s'agit d'une membrane nictitante, c'est-à-dire clignotant
constamment, située dans le coin interne de chaque
œil. Elle apparaît de façon chronique lorsque le chat est
malade ou blessé (s'il a perdu du poids, souffre de
diarrhée ou de grippe féline, ou s'il s'est blessé à l'œil
au cours d'une lutte). En règle générale, si l'on
distingue la paupière nictitante d'un seul œil, il s'agit
d'une affection de l'œil concerné plutôt que d'une
maladie du chat. Si cette paupière est visible,
emmenez-le chez le vétérinaire.

PAUPIÈRE NICTITANTE VISIBLE

72 TRAITER LA GALE DES OREILLES

La présence de parasites dans les oreilles constitue un problème lorsqu'ils sont en nombre important. Ils se nourrissent le long du canal de l'oreille, provoquant ainsi la sécrétion de cérumen noirâtre. Vous reconnaîtrez la gale au fait que votre chat se gratte de façon chronique et qu'il secoue la tête violemment. Si l'infection gagne l'oreille interne, la gale peut causer des troubles de l'audition et de l'équilibre.

△ **Parasite de la gale**
Ces minuscules parasites sont visibles à l'otoscope. C'est une infestation très courante qui produit un cérumen brun rougeâtre.

△ **Démangeaisons**
Votre chat souffre certainement d'une infection à l'oreille s'il se gratte continuellement.

73 LES BLESSURES À L'OREILLE

Les oreilles sont exposées à des blessures très nombreuses. Lors de combats entre chats, elles peuvent se déchirer et s'infecter. Si le chat se gratte de façon chronique, des ampoules contenant du sang se forment qui, laissées sans traitement, causeront une déformation de l'oreille. Les oreilles des chats blancs sont sujettes aux engelures (*voir p.69*) et aux brûlures du soleil, qui peuvent favoriser l'apparition d'un cancer. Demandez conseil à votre vétérinaire pour les crèmes de protection.

◁ **Traitement**
Demandez au vétérinaire d'examiner votre chat si vous pensez qu'il souffre de troubles à l'oreille. Les gouttes auriculaires constituent le traitement classique des affections de l'oreille et sont faciles à administrer (voir p.62).

△ **Examen de l'Oreille**
Le vétérinaire examinera les oreilles du chat à l'aide d'un otoscope, instrument qui permet d'observer le fond du canal de l'oreille. Ne mettez jamais rien dans les oreilles du chat. Elles sont très fragiles et vous pourriez causer une blessure.

74 LES VERS

Différents parasites peuvent infester le chat, tels que l'aelurostrongylus, qui vit dans les poumons et engendre des troubles respiratoires. Les toxacaras vivent quant à eux dans l'intestin et se nourrissent de sang. Ils provoquent une anémie chez le chat.
Les parasites les plus fréquents sont l'ankyulostome et le ténia, qui vivent dans l'intestin.

◁ **CYCLE DE VIE DE L'AELUROSTRONGYLUS**
Un escargot ou une limace se nourrissent de larves. Ils sont dévorés par un oiseau ou un petit rongeur, qui deviennent eux-mêmes la proie du chat. C'est ainsi que le chat sera infesté.

△ **STÉTHOSCOPE**
Une toux sèche chronique peut signaler la présence d'ascaris dans les poumons. Le vétérinaire détecte l'infection en écoutant la respiration du chat.

75 LES TRAITEMENTS CONTRE LES VERS

Les symptômes d'infestation par les parasites sont divers. Mais généralement, la diarrhée, l'anémie et la perte de poids en relèvent. Les chatons atteints peuvent être terriblement affaiblis. Il faudra leur donner des comprimés contre les vers dès l'âge de quatre semaines. Quant aux chats adultes, ils devront être examinés deux fois par an. La prescription diffère selon les vers.

TRAITEMENT
Le traitement est donné sous forme de pâte que l'on met dans la nourriture ou sous forme de comprimés.

COMPRIMÉS CONTRE LES VERS RONDS

COMPRIMÉS CONTRE LE TÉNIA

76 La diarrhée

Différents troubles peuvent être à l'origine d'une diarrhée. Elle peut être le signe d'une maladie telle que l'entérite infectieuse, ou la conséquence d'une allergie ou d'une intolérance alimentaire. Si la diarrhée persiste, emmenez le chat en consultation. Si une diarrhée sévère n'était pas soignée, le chat pourrait mourir de déshydratation.

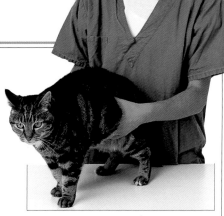

LE VÉTÉRINAIRE PALPE L'ABDOMEN

77 Les causes du vomissement

Il arrive que les chats vomissent pour régurgiter une substance nocive ou encore des boules de poils qui encombrent leur estomac. Si les vomissements se répètent, s'ils sont accompagnés de diarrhée ou s'ils contiennent du sang, ce peut être le symptôme d'une maladie grave.

Par ailleurs, si le chat souffre de douleurs abdominales et boit excessivement, il est peut-être empoisonné.
Dans tous les cas, si les vomissements sont continus ou répétitifs, emmenez le chat en consultation sans attendre.

78 Le manque d'appétit

Le manque d'appétit peut résulter d'une maladie, mais aussi tout simplement d'une chaleur excessive. Ne forcez jamais un chat à manger. Essayez plutôt de l'attirer en lui proposant à plusieurs moments de la journée de nouveaux aliments, ou des petites quantités de sa nourriture favorite chauffée à la température de l'animal.
Toutefois, si un chat refuse de s'alimenter pendant plus de 24 heures, consultez un vétérinaire. Retirez la nourriture qu'il n'a pas acceptée au bout de dix minutes.

PAS D'APPÉTIT
Si votre chat refuse de manger, vérifiez tout d'abord que la nourriture est fraîche avant de vous inquiéter d'une quelconque maladie.

79 COMMENT SOIGNER LA GRIPPE

Le terme de grippe (coryza) regroupe un ensemble d'affections respiratoires dues à des virus. Vous pouvez prévenir certaines de ces maladies par la vaccination, mais pour d'autres, il n'existe aucune prévention. Le traitement courant comporte une prise d'antibiotiques et quelques soins attentionnés.
Éternuements, toux, écoulements du nez et des yeux, perte de l'appétit, fièvre sont des symptômes de la grippe. Elle peut être grave et évoluer très rapidement.
Un traitement médical rapide est donc essentiel.

GARDER UN CHAT MALADE AU CHAUD

80 PRÉVENIR UNE MALADIE DES GENCIVES

Les caries et les maladies des gencives se présentent plutôt rarement chez le chat, mais elles peuvent provoquer une chute des dents. Pour éviter ce problème, examinez régulièrement la bouche de votre chat et vérifiez l'absence de troubles. Les affections dentaires sont généralement liées à la formation de tartre sur les dents. Celle-ci peut conduire à une inflammation des gencives, appelée gingivite, ou à une infection de l'alvéole de la dent, aboutissant à la formation d'un abcès.

Examiner régulièrement la dentition du chat

◁ **GINGIVITE**
Une ligne rouge le long de la gencive est le premier symptôme de la gingivite. Le recul de la gencive provoque la chute des dents. Si vous pensez à une gingivite, contactez votre vétérinaire.

△ **LAVER LES DENTS**
Vous pouvez prévenir les problèmes dentaires en lavant les dents de votre chat (voir p. 39) et en le nourrissant de croquettes.

57

81 RECONNAÎTRE UN PROBLÈME URINAIRE

Les urines du chat doivent être de couleur claire ou jaune pâle. Si le chat a du mal à uriner, ou bien si les urines sont troubles ou d'une couleur anormale, il est peut-être malade. La plupart des troubles urinaires sont liés à une infection de la vessie, à une maladie rénale, ou encore au diabète. Le blocage de la vessie, appelé Syndrome Urologique Félin, empêche le chat d'uriner normalement et donne des urines contenant du sang. Cette affection est très douloureuse et nécessite des soins médicaux urgents.

◁ TENSION
Les troubles urinaires peuvent être douloureux et pénibles pour le chat.

82 LES SYMPTÔMES DES MALADIES RÉNALES

Une maladie des reins peut se manifester de façon chronique ou aiguë. Les affections chroniques sont courantes chez le chat âgé. Elles se caractérisent par les symptômes suivants : soif importante, urines fréquentes, perte de poids, mauvaise haleine, et ulcères à la bouche. Les chats plus jeunes ont plus tendance à souffrir de crises aiguës. Celles-ci sont souvent dues à une infection, et se manifestent par des vomissements et une déshydratation. Dans tous les cas, une consultation s'avère indispensable.

CHATS ÂGÉS ▷
En vieillissant, les reins se détériorent. Un régime soigneux et un traitement médical s'imposent absolument.

◁ CHAT ASSOIFFÉ
Une soif inhabituelle et un besoin d'uriner trop fréquent sont les symptômes courants d'une affection rénale.

83 LES GRIFFURES

Habituellement, les chats ne sont pas agressifs envers les hommes, mais ils peuvent griffer et mordre en jouant. Les griffures de chat peuvent facilement s'infecter. Prenez soin de nettoyer les blessures avec un antiseptique.

◁ **MORSURES**
La rage se transmet par la salive de certains animaux. Si vous êtes mordu par un chat dans un pays où la rage est présente, consultez un médecin sur-le-champ.

GRIFFURES ▷
Si vous avez de la fièvre suite à une griffure de chat, consultez votre médecin.

84 LES DANGERS POUR LA SANTÉ DE L'HOMME

Parmi les risques liés au chat, la rage constitue le danger le plus important pour l'homme. Il existe d'autres maladies contagieuses, comme la toxoplasmose, due à un parasite présent dans les excréments, et différentes maladies de la peau comme la teigne. Ces maladies ne sont pas graves, quoique la toxoplasmose puisse constituer un réel danger pour la femme enceinte.

Pour prévenir toute sorte d'infection, respectez soigneusement les règles d'hygiène. Manipulez les litières sales avec précaution, et si votre chat souffre d'une infection, désinfectez sa couche et tout le matériel de toilette. Le risque d'infection par l'animal sera minime.

Hygiène égale sécurité

SOIGNER UN CHAT MALADE

85 ADMINISTRER LES MÉDICAMENTS

Lorsqu'il s'agit de prendre des médicaments, les chats, tout comme les enfants, peuvent montrer une certaine réticence. Vous aurez probablement besoin d'une autre personne pour immobiliser le chat. Soyez ferme, sans être brutal. Cacher les médicaments dans la nourriture est une méthode qui ne fonctionne pas toujours : les chats les repèrent facilement.

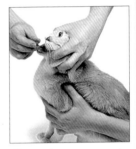

1 Demandez à la personne qui vous assiste de maintenir le chat immobile, tandis que vous le tenez fermement par la tête. Veillez à ne pas lui retrousser les moustaches.

2 Maintenez la tête entre le pouce et l'index, et penchez-la vers l'arrière. Avec l'autre main, pressez légèrement sur la mâchoire pour ouvrir la bouche.

3 Posez le comprimé sur le dos de la langue. Refermez la bouche et caressez la gorge. Vous pouvez sentir le comprimé descendre

LA SERINGUE
Injectez le médicament liquide lentement par le côté de la mâchoire.

LE LANCE-PILULE
Le lance-pilule permet d'administrer un comprimé en le projetant dans la gorge.

86 LA POMMADE OCULAIRE

N'appliquez jamais de pommande oculaire sans prescription du vétérinaire.

En règle générale, ne tentez pas de soigner votre chat vous-même avec des produits destinés aux hommes. Cela pourrait être dangereux pour lui.

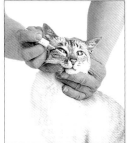

1 Maintenez la tête du chat immobile avec une main, puis appliquez la pommade sur le globe oculaire.

2 Fermez les paupières du chat pendant quelques secondes, afin que la pommade recouvre toute la surface de l'œil.

87 LES GOUTTES OCULAIRES

La prescription de gouttes est très fréquente en cas de troubles oculaires. Avant de les appliquer, nettoyez le contour des yeux à l'aide de coton hydrophile trempé dans de l'eau propre et chaude. Si le chat ressent une douleur, passez un peu de vaseline, sans trop approcher des yeux.

Les gouttes ne doivent jamais être administrées sans prescription du vétérinaire.

Respectez soigneusement la posologie.

1 Tenez fermement la tête du chat, et nettoyez les impuretés.

2 Appuyez sur le flacon pour faire tomber le nombre de gouttes prescrit dans l'œil.

3 Fermez les yeux du chat un court instant, les gouttes se répanderont uniformément.

88 LES GOUTTES POUR LES OREILLES

Si vous remarquez la présence de sécrétions dans les oreilles de votre chat, s'il se gratte ou se frotte les oreilles de façon chronique, si les pavillons sont enflés, ou encore s'il penche la tête d'un côté à l'autre, vous devez l'emmener en consultation chez le vétérinaire. La prescription de gouttes se fait fréquemment en cas de troubles auriculaires. Mais il est important de savoir les appliquer correctement.

1 À l'aide d'un bout de coton humide, nettoyez soigneusement les impuretés visibles ou les sécrétions se trouvant dans le pavillon.

2 Maintenez la tête, puis tournez délicatement l'oreille vers l'arrière de manière à en voir à l'intérieur. Appliquez le nombre de gouttes indiqué.

3 Après avoir appliqué les gouttes, faites-les pénétrer doucement en massant l'oreille. Veillez à ne pas introduire le compte-gouttes dans la cavité.

89 GARDER LE CHAT AU CHAUD

Un chat malade ou en convalescence doit faire l'objet de soins particuliers. Il faut lui donner un endroit calme et propre, loin du brouhaha de la maison. On peut faire un bon lit d'une boîte en carton, en l'aménageant pour le rendre chaud et confortable. Supprimez les deux tiers de la boîte en les découpant et tapissez le carton de papier journal et d'une couverture.

En cas de besoin, vous pouvez y placer une bouillotte remplie d'eau tiède. Vous pouvez également envelopper le chat dans une grande serviette.

BOÎTE
Une boîte en carton tapissée de papier journal et d'une couverture fera un bon lit pour le chat malade.

90 LES REPAS DU CHAT MALADE

Le vétérinaire peut prescrire au chat malade un régime alimentaire particulier qu'il n'appréciera pas ou qui lui interdira sa nourriture habituelle, provoquant ainsi un refus de manger. Toutefois, vous parviendrez à lui rendre son appétit en le cajolant. Servez-lui, plusieurs fois par jour, de petites quantités chauffées à la température de l'animal.

Si votre chat, très affaibli, ne mange toujours pas, en dernier ressort, nourrissez-le avec une seringue.

À LA CUILLÈRE
Si votre chat refuse les aliments liquides et solides, essayez de le nourrir de liquide à la cuillère. Serrez la tête dans une main et donnez-lui quelques gouttes à chaque fois.

MÉDICAMENT À LA CUILLÈRE
Pour administrer au chat un médicament liquide, serrez la tête entre le pouce et l'index et portez la cuillère à la bouche du chat.

À LA SERINGUE
Si le chat est très affaibli, liquéfiez la nourriture et donnez-la lui avec une seringue ou un compte-gouttes.

91 SOIGNER UN VIEUX CHAT

Le chat qui vieillit mange moins et dort plus. Vers l'âge de dix ans, sa santé commence à se détériorer : son ouïe diminue, sa fourrure perd de son éclat et la chute des poils est plus importante, les articulations et les muscles perdent de leur souplesse. Vous devez donc être davantage attentif à son état de santé. Les maladies rénales étant très fréquentes à cet âge, sachez les repérer rapidement : soif importante et urines fréquentes en sont les premiers symptômes. Si votre chat tombe malade et souffre beaucoup, et si sa maladie est incurable, vous pouvez demander au vétérinaire de " l'endormir ". Il lui injectera une substance anesthésique qui mettra paisiblement fin à sa vie.

LES PREMIERS SECOURS

92 LE CHAT INCONSCIENT

Les chats sont parfois victimes d'accidents : ils peuvent être renversés par un véhicule, tomber d'une hauteur importante et rester inconscients ou en état de choc. Si vous trouvez un chat blessé, essayez d'évaluer ses blessures et de lui donner, les premiers soins. Emmenez-le chez le vétérinaire dès que possible. Si le chat est en état de choc — sensation de froid et pouls rapide—, enveloppez-le dans une couverture. Ces soins ne remplacent pas l'examen médical, mais permettent de soulager momentanément le chat ou de lui sauver la vie.

1 Si le chat est inconscient, la première chose à faire est de le retirer du lieu de l'accident et de l'emmener chez le vétérinaire. En guise de brancard, utilisez une couverture : étendez-la à plat et soulevez doucement le chat pour le poser dessus.

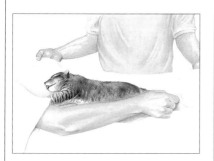

2 Avec l'aide d'une autre personne, soulevez prudemment la couverture, et posez-la sur une surface plane et stable. Si le chat respire difficilement, tournez-le sur le côté, la tête vers le bas. Ouvrez-lui la bouche et tirez sa langue vers l'avant. Nettoyez délicatement les mucosités présentes sur la langue avec un bout de coton.

3 Ne laissez pas le chat sur le côté pendant plus de cinq ou dix minutes. Ne portez rien à sa bouche. Pour emmener le chat chez le vétérinaire, posez la couverture dans une caisse ou un carton.

93 COMMENT SOULEVER UN CHAT BLESSÉ

Si vous pensez que le chat s'est brisé un membre, vous devez le porter avec une grande prudence. N'essayez pas de lui mettre une attelle, vous pourriez aggraver sa blessure. Soulevez le chat et posez-le sur une couverture, en surélevant le membre blessé et en le tenant le plus haut possible. Évitez tout mouvement à ce membre. Posez délicatement le chat dans un panier et emmenez-le chez le vétérinaire.

CHAT BLESSÉ PORTÉ SUR UNE COUVERTURE

94 COMMENT ARRÊTER UN SAIGNEMENT

Si un chat s'est coupé et que la blessure n'est pas profonde, vous pouvez peut-être la soigner vous-même. Nettoyez la blessure avec un coton humide, et coupez les poils enchevêtrés. Appliquez un antiseptique doux. En imprégnant de vaseline les poils autour de la coupure, vous les empêcherez de recouvrir la blessure. Si l'hémorragie est importante, suivez les indications suivantes pour stopper le flux de sang. Si l'hémorragie ne s'arrête pas, emmenez immédiatement le chat chez le vétérinaire.

1 Pour arrêter l'hémorragie, recouvrez la blessure d'une gaze imbibée d'antiseptique et appuyez.

2 Si l'hémorragie ne s'arrête pas après une ou deux minutes, serrez la gaze avec un bandage et posez une autre compresse.

3 Pour maintenir le pansement, entourez le chat d'un autre bandage et appuyez.

95 LES BLESSURES CAUSÉES PAR LES BAGARRES

Le chat peut rentrer avec une blessure à la suite d'un combat avec un autre chat. Sa fourrure sera ébouriffée, il lui manquera des poils à certains endroits. On pourra également observer des griffures sur les paupières et les oreilles. Souvent, ces blessures restent superficielles et ne nécessitent pas les soins du vétérinaire. Vous pouvez nettoyer les petites griffures avec un antiseptique doux. Si une blessure s'infecte, vous pouvez la soigner vous-même (*voir p. 68*). En revanche, si un abcès se forme, emmenez le chat chez le vétérinaire. Les hémorragies doivent être soignées immédiatement (*voir p. 65*).

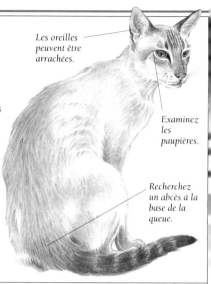

Les oreilles peuvent être arrachées.

Examinez les paupières.

Recherchez un abcès à la base de la queue.

96 L'EMPOISONNEMENT

Si le chat avale une substance toxique, sa première réaction sera de vomir. Toutefois, il peut arriver que le chat digère le poison. Si votre chat montre des signes d'empoisonnement (*voir p. 67*), agissez rapidement. Si la fourrure est atteinte,

l'animal tentera de lécher les toxines et les ingérera. Éliminez le poison en lavant la fourrure avec du shampooing dilué. Si cela ne suffit pas, emmenez le chat chez le vétérinaire avec un échantillon du poison. N'essayez pas de provoquer un vomissement.

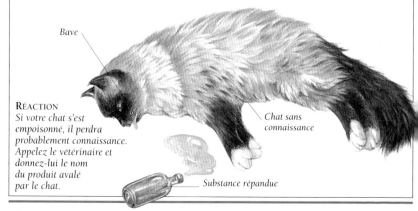

Bave

RÉACTION
Si votre chat s'est empoisonné, il perdra probablement connaissance. Appelez le vétérinaire et donnez-lui le nom du produit avalé par le chat.

Chat sans connaissance

Substance répandue

97 LES PRODUITS TOXIQUES

Vous trouverez dans ce tableau les substances toxiques pour le chat. Si le chat avale l'une d'entre elles, un traitement vétérinaire sera indispensable. Certains produits, comme les analgésiques, peuvent lui être fatals.

Produits toxiques	Symptômes	Action
Mort-aux-rats	Agitation, douleurs abdominales, vomissements, saignements et diarrhée. Souvent mortel	Consulter le vétérinaire. Antidotes disponibles.
Antigel	Manque de coordination, vomissements, convulsions suivies de coma.	Peut être fatal. Une injection peut arrêter les effets.
Alcool	État dépressif, vomissements, perte de conscience, déshydratation, coma.	Peut être fatal. Consultez le vétérinaire.
Analgésiques	Perte de l'équilibre, vomissements. En cas d'ingestion de paracétamol, les gencives deviennent bleues.	Peut être fatal. Consultez le vétérinaire.
Désinfectants et nettoyants	Vomissements importants, diarrhée, signes de nervosité, vertiges et coma.	Peut être fatal. Consultez le vétérinaire.
Insecticides et pesticides	Contractions musculaires, bave, convulsions et coma.	Consulter le vétérinaire. Pas d'antidote particulier.
Tue-limaces	Salivation, contractions musculaires, vomissements, diarrhée, convulsions et coma.	S'ils sont pratiqués rapidement, les soins du vétérinaire sont efficaces.

Plantes toxiques

- Azalée
- Caladium
- Clématite
- Delphinium, dit Pied-d'alouette
- Dieffenbaccahia
- Gui
- Laurier-cerise
- Laurier rose
- Lierre
- Lupin
- Philodendron
- Poinsettia
- Pois de senteur
- Rhododendron
- Ellébore noir, dit Rose de Noël
- Muguet

POIS DE SENTEUR

POINSETTIA

CLÉMATITE

CERISIER DE NOËL

LUPIN

98 TRAITER UNE PIQÛRE D'INSECTE

Enlevez le dard avec une pince

Le chat piqué par une abeille ou une guêpe souffre d'une certaine gêne. La région de la piqûre enfle. Le chat semble instable, il a le souffle court. Regardez de très près et recherchez une zone rouge et enflée. S'il s'agit d'une piqûre d'abeille, essayez d'enlever le dard avec une pince. Si vous n'y arrivez pas, demandez conseil auprès du vétérinaire.

99 TRAITER UN ABCÈS

Si le chat s'est fait mordre par un de ses congénères, sa blessure peut donner naissance à un abcès . Si l'abcès est très gros, qu'il s'infecte et se met à enfler au bout de quelques jours, vous devrez l'inciser délicatement.

1 ▷ Coupez délicatement les poils qui entourent la région enflée. Demandez à un ami de rassurer le chat.

2 Pour dessécher l'abcès, mouillez la région concernée d'une solution contenant une cuillérée à café de sel pour un verre d'eau.

3 Mouillé régulièrement pendant 24 heures, l'abcès devrait éclater. Nettoyez la plaie et assurez-vous que l'abcès ne se reforme pas.

100 SOULAGER LE CHAT ÉCHAUDÉ

Le chat brûlé ou échaudé doit immédiatement être conduit chez le vétérinaire. Vous pouvez essayer de soulager la douleur en procédant selon les étapes décrites ci-dessous.

Si votre chat souffre d'une brûlure due à une décharge électrique, emmenez-le au plus tôt chez le vétérinaire. Les brûlures électriques sévères peuvent entraîner une crise cardiaque.

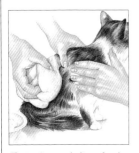

1 Appliquez de l'eau froide sur la région ébouillantée. Ne mettez jamais de crème ou de beurre sur la blessure.

2 Maintenez un paquet de glace (fait de cubes de glace placés dans un sachet de congélation ou dans un linge) contre la blessure.

3 Appliquez un antiseptique sur la blessure. Ne couvrez pas et ne coupez pas les poils qui entourent la blessure.

101 LES SOINS PAR TEMPS HIVERNAL

Par temps très froid, le chat peut souffrir d'engelures et d'hypothermie. Le froid peut plonger le chat en état de choc. Il aura le corps raidi par le froid et portera des engelures aux extrémités.

ENGELURES ▷
Si le chat souffre d'une engelure, plongez la région affectée dans de l'eau chaude. (Les oreilles, les pattes et la queue sont les régions les plus fréquemment touchées). Puis massez-la avec douceur

△ HYPOTHERMIE
Elle peut conduire à la mort. Enveloppez le chat dans une couverture et réchauffe-le peu à peu.

INDEX

CRÉDITS PHOTOGRAPHIQUES

Photographies
CODE : h *haut*, b *bas*, c *centre*, d *droite*, g *gauche*.
L'ensemble des photographies a été réalisé par
Steve Gorton et Tim Ridley
excepté :
Peter Anderson 27hd ; Paul Bricknell 16cg, 18, 20hg, 22bg, 23cg,
25g, 26c, 33hg, 51cd ; Jane Burton 1, 2, 5, 8hd, 8bg, 9bg, 10hd,
13cg, 14hd, 15cd, 16hc, 19bg, 20cd, 21cd, 22hd, 22cg, 23hd, 25bg,
23bg, 25hg, 25cd, 44hg, 44bd, 45hd, 45bd, 45 bg, 45bg, 46hg,
46hd, 46bd, 47hd, 47hg, 47b, 48hg, 48cg, 48bd, 49bd, 52cd, 52cc,
52cg, 53cg, 54hd, 54bg, 59hg, 59hd, 59bd, 71, 72 ; Bruce Coleman
Ltd/Jane Burton 53bd ; Tom Dobbie 67ch, 67bg ; Marc Henrie 3, 6, 7,
9bd, 10c, 11, 12 hd, 12cg, 13hd, 13b, 28cd, 28bd, 36hc, 46bg,
50–51c ; Daniel Pangbourne 22bd ; Colin Walton 28hg, 34b, 67c,
67bc, 67bd ; Matthew Ward 60.

Illustrations
Angelica Elsebach 64, 65, 66, 68, 69 ;
Chris Forsey 15, 16, 24, 27, 31, 52, 54, 55.